Teórico, Prático e Recreativo

Para desenvolver gradualmente e de maneira atraente a inteligência musical dos jovens principiantes, formando-os na leitura refletida, no estilo e no mecanismo e iniciando-os ao mesmo tempo nos elementos da harmonia

dividido em 5 partes de 30 lições cada uma

por

A. SCHMOLL

Oficial da Instrução Pública

Obra aprovada por muitos professores célebres, adotada no Conservatório Nacional de Música de Tolosa (filial do Conservatório de Paris), Lisboa, no Conservatório Dramático e Musical de São Paulo (Brasil), no de Istambul (Turquia) e nos principais Colégios da França e da Bélgica. Premiada na Exposição Escolar de Bilbao (Espanha).

Revisão do Prof. Yves Rudner Schmidt

Segunda Parte

Este volume foi ampliado com as seguintes peças de A. Schmoll:

Segunda Série Op. 50:	No.9 Scherzetto
No.6 A Canção da Moleira	No.10 O Regresso do
No.7 Ternura Infantil	Peça Recreativa Op. 63:
No.8 Toque de Caça	"Terceira Sonatina"

C-52-W

Irmãos Vitale
Editores - Brasil

DISTRIBUIDOR EXCLUSIVO

© COPYRYGHT 1996 By Casa Wagner Editora Ltda. - São Paulo - SP - Brasil.
Todos os direitos autorais reservados para todos os países. All rights reserved.

PREFÁCIO

O ensino do Piano, tal como em geral é praticado, trata quase exclusivamente dos princípios da notação musical e da agilidade dos dedos. Para chegar, porém, a esse fim, serve-se de meios tão áridos, que fazem desesperar e desencorajar quase todos os alunos.

No meu modo de ver, dever-se-ia propor um plano, *mais elevado*, e que se deveria procurar alcançar com meios *mais simples*.

Tive múltiplas ocasiões de encontrar-me em presença de alunos que, sabendo executar muito bem uma ou mais peças que haviam aprendido, eram no entanto, absolutamente incapazes de tocar *à primeira vista* peças mais fáceis.

Entretanto tais alunos haviam estudado durante vários anos solfejo e piano. E então, onde encontrar a causa desta surpreendente inabilidade, e não na maneira pouco lógica e rotineira na qual haviam eles sido dirigidos nos seus primeiros estudos?

Outras crianças, (no dizer dos pais) demonstravam a princípio muita afeição pela música, porém, após alguns meses de estudo, tinham-lhe aversão. E então, quem sabe se houvessem elas feito rápidos progressos, tornando-se talvez bons músicos, se, ao contrário de aborrecer-se com exercícios monótonos e cansativos, tivessem sido animadas a estudar trechos melódicos e agradáveis? Nada mais rebelde que uma inteligência fatigada; porém, também, nada mais dócil que um aluno ao qual se soube inspirar interesse por seu estudo. Afastemos pois do ensino tudo aquilo que é seco e árido; deixemos às inteligências jovens a liberdade de movimento, tão necessária ao seu progresso e desenvolvimento! Qualquer que seja o modo de manifestação da afeição no início, evitar o contrariá-la e esmagá-la; a grande habilidade do mestre está justamente em *cultivá-la insensivelmente*, parecendo ceder, e mesmo cedendo, para melhor conduzí-la.

Entre os erros mais difundidos, citarei o seguinte: *Nunca é muito prematuro começar a ensinar música clássica às crianças.*

Eis um grave erro. O estilo clássico é, no meu modo de ver a, mais nobre expressão da arte musical. Como se pode, pois admitir que a inteligência, apenas formada, de uma criança, possa seguir o gênio nas suas regiões elevadas? O mais elementar de todos os princípios pedagógicos, exige o *desenvolvimento gradual* das faculdades intelectuais e artísticas. As crianças não gostam senão de algumas organizações escolhidas e não compreendem senão pequenas melodias dirigidas diretamente ao seu gosto apenas desabrochado. Esse gosto, dirigido e cultivado com prudência, tomará pouco a pouco uma direção mais elevada e acabará por não encontrar satisfação senão na formula de um estilo mais sério. Fazer tocar aos principiantes música clássica é, em si tão absurdo, como o alimentar recém-nascidos com alimentos fortes e substanciosos.

O dever de todo o professor de música é formar, não músicos autômatas que possam tocar um repertório qualquer, mas sim *verdadeiros músicos* que saibam *ler e tocar tudo* sem ajuda de ninguém. Eis pois os meios mais seguros para alcançar tal fim:

1º) Dar ao ensino a maior atração possível: fazer tocar em grande parte, pequenos estudos rigorosamente graduados, onde a melodia se esconde sob uma forma atraente e graciosa. Assim cada um desses estudos, ensinando uma minúcia qualquer da notação ou um princípio técnico, deve prender e *interessar o aluno*. O aluno terá amor ao estudo se este lhe é apresentado numa forma francamente *melódica*, e mostrar-se-á interessado se o mesmo é tal qual um alimento para sua *imaginação*, isto é, se trata-se de um objeto, um sentimento ou uma situação que forma parte da vida infantil. Desde que a imagem é assim feita, seja com cores ou com sons, é sempre uma poderosa atração para uma criança. Sob esse ponto de vista, não é inútil dar-se sempre um título a cada trecho; sei por experiência que esse é um método excelente para exercitar o interesse do aluno.

2º) Dar à exposição da matéria a maior clareza possível; dividir o ensino em certo número de lições, nas quais cada porção ocupa seu lugar marcado de antemão. Por esse meio vê o aluno claramente em seus estudos; as coisas ensinadas que lhe foram apresentadas clara e nitidamente, se lhe imprimem solidamente na memória. E ainda mais pode constantemente dar-se conta do caminho percorrido e daquele que lhe resta percorrer.

3º) Seguir um método essencialmente *sintético*; isto é, reconstruir pouco a pouco o sistema musical inteiro, depois de haver explicado e posto em prática todo pormenor separadamente. Evitar a fadiga e a sobrecarga da memória do aluno pela apresentação simultânea de matérias diversas. Nada de quadros sistemáticos ou sinóticos, representando *todas* as notas, *todos* os valores, *todas* as pausas, *todos* os sinais, etc. de uma vez. Desde que o aluno não deve tocar senão semínimas, fuzas e semifuzas. Há pois necessidade de um grande número de peças e do pequeno desenvolvimento das mesmas. O ensino baseado nesses princípios é eminentemente *claro e fácil*, guia incessantemente o aluno sobre um terreno já preparado, oferece a potente atração da variedade e forma invariavelmente *bons leitores*, posto que não é precisamente estudando penosamente trechos relativamente muito difíceis que se chega ser bom leitor, mais sim tocando um grande número de peça *bem graduadas e facilmente compreendidas*. Necessita-se pois, não somente evitar longos desenvolvimentos teóricos que se encontram à simples vista sobre as páginas de certos métodos, mas também afastar as intermináveis séries de escalas e de exercícios que o aluno somente aborda com repulsão instintiva e que somente o conduzem ao desencorajamento.

4º) A exposição do sistema musical com sua máquina externa não basta para formar bons músicos e hábeis leitores; necessário se torna que o aluno seja iniciado ao mesmo tempo nos *princípios da harmonia*, que longe de atormentá-lo nos estudos práticos, dar-lhe-ão a conhecer as bases e a origem e permitir-lhe-ão de progredir mais rapidamente. Sempre me admirei que mesmo entre os métodos mais conhecidos, nenhum apresentava a mínima noção sobre conhecimento teóricos. Pergunte-se a um aluno o que é um intervalo maior ou menor, a nota dominante, o acorde perfeito, a inversão de um acorde, a tonalidade, o modo; em geral não saberá responder. E entretanto, como facilitaria a leitura musical o conhecimento desses elementos! Em verdade, é pena ver-se um aluno que com três anos de estudo, balbucia nota por nota um acorde que encontra cem vezes ao dia, e do qual, porém, ignora o nome a origem, o caráter e a finalidade. Sei perfeitamente que a harmonia *no total* é uma ciência muito complicada e muito abstrata para ser compreendida pela maioria dos alunos; sei também que não se pode chegar a ser hábil PIANISTA sem um ótimo conhecimento da Teoria. Não pretendo que um método para piano ou acordes seja ao mesmo tempo um curso completo de harmonia. Em toda obra, as complicações se sucederiám e se multiplicariam rapidamente; formariam logo um intrincado labirinto de teorias que tornariam o ensino tão difícil, como estéril. Porém, julgo absolutamente indispensável que, ainda que não de todo, se deva ao menos desenvolver a teoria da escala, da tonalidade e do modo; as cadências e as modulações mais usadas; em uma palavra, todos os princípios elementares que estão ao alcance de todas as inteligências, que se referem estritamente à técnica, e que por isso mesmo não podem de modo algum prejudicar a clareza do ensino. Se o aluno quiser estudar *harmonia* de um modo mais profundo, o professor encontrará o *terreno preparado* e não terá necessidade de entreter-se com princípios rudimentares que há muito são familiares ao aluno.

O plano que tracei ao compor esse novo Método, tem por objetivo principal um ensino *simplificado, fácil e atraente*, formando não somente o *estilo e o mecanismo*, mas dando também aos alunos aquela *independência de agir*, sem a qual não se poderá chegar a ser um *bom leitor* e nem um *bom músico*. Ao executar esse plano induz-me como dever o levar em conta as observações que publiquei precedentemente. Quero esperar que meus numerosos amigos acolham meu NOVO MÉTODO PARA PIANO com a benévola simpatia que honraram minhas publicações anteriores.

Paris,
A. Schmoll

Dados Internacionais de Catalogação na Publicação (CIP)
(Câmara Brasileira do Livro, SP, Brasil)

Schmoll, A.
 Novo método para piano (ampliado) : teórico, prático e recreativo, dividido em 5 partes de 30 lições cada uma : segunda parte / por A. Schmoll. -- São Paulo : Casa Wagner

1. Piano - Estudo e ensino I. Título.

ISBN 85-86229-02-4
ISBN 978-85-86229-02-2

96-5264   CDD-786.207

Indices para catálogo sistemático:

1. Piano : Método : Estudo e ensino   786.207

SEGUNDA PARTE

Introdução

As notas da clave de sol que o aluno já conhece pelo estudo da primeira parte deste método, isto é, as 23 notas entre

inclusive, não bastariam ao pianista. Com efeito, abaixo da tecla fá

acham-se ainda, no piano de sete oitavas 19 teclas brancas e 13 pretas que até aqui não foram empregadas. Para escrever estas notas, a clave de **sol** é insuficiente; pois, se as escrevêssemos nesta clave seria preciso um tão grande número de linhas suplementares, que a leitura tornar-se-ia quase impossível. Procurou-se pois um meio mais simples para escrever estas notas.

A CLAVE DE FÁ

A clave de fá, que é colocada na 4ª linha da pauta, indica que a nota nesta linha, chama-se **fá**; este fá é o mesmo que o da 3ª linha suplementar inferior da clave de sol, a nota mais grave que conhecemos na 1ª parte.

A relação que existe entre a **clave de fá** e a de **sol** resulta clara pela seguinte demonstração:

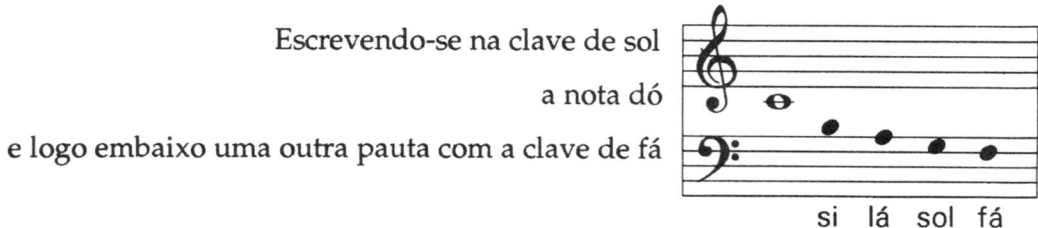

teremos o mesmo dó, escrito em duas claves diferentes. Este **dó** situado como é sabido, mais ou menos no centro do piano, escreve-se **em clave de sol** na primeira linha suplementar inferior e **em clave de fá** na primeira linha suplementar superior; forma por assim dizer, o **traço de união entre as duas claves**. Vemos pois que a **clave de fá** fornece as notas da **região grave** do piano, sendo quase sempre empregada para a mão esquerda, enquanto que as notas da mão direita são quase sempre escritas **em clave de sol**. Os casos contrários, como veremos adiante, são exceções. O seguinte quadro exemplifica as notas mais usadas da **clave de fá**.

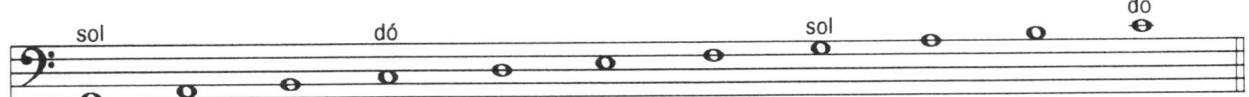

Aprender a ler estas notas e procurar as teclas respectivas no piano.

EXERCÍCIO DE LEITURA

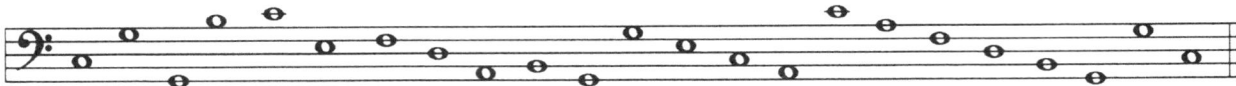

ESCALA DE **DÓ**, ESCRITA EM CLAVE DE **FÁ**

31ª LIÇÃO

Nos trechos rápidos, deve-se evitar o emprego do 1º e 5º dedos nas teclas pretas. Nos acordes e passagens de **movimento moderado**, o emprego desses dedos é as vezes de rigor e não oferece inconveniente algum.

JUVENTUDE E ALEGRIA (Jeunesse et Gaîté)
CORO DE ESTUDANTES

32ª LIÇÃO
A GONDOLA (La Gondole)

33ª LIÇÃO

NOTAS NOVAS  com articulação de pulso

Exercícios de **sextas destacadas** para a mão direita

BRINCADEIRAS (Rigolade)

34ª LIÇÃO

NOTAS NOVAS 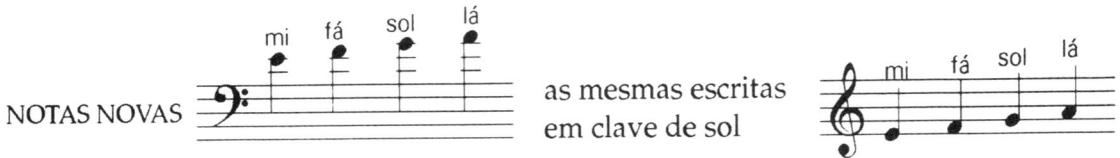 as mesmas escritas em clave de sol

ESCALAS DAS NOTAS DO BAIXO APRENDIDAS ATÉ AQUI

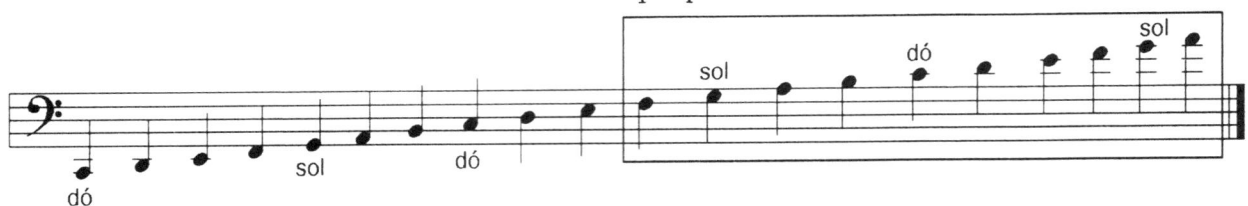

EXERCÍCIO DE LEITURA

Exercitar-se em ler estas notas e procurá-las no teclado.

AVANTE! (En Avant)
Galop

35ª LIÇÃO

MUDANÇA DE CLAVES

Para se escrever comoda e claramente na **clave de Fá** as notas agudas da **mão esquerda** (o que exigiria muitas linhas suplementares), o compositor substitue momentaneamente a **clave de Fá** pela **clave de Sol**, isto chama-se: **mudar de clave**. Às vezes também as notas da **mão direita descem** tanto que o compositor substitue a **clave de Sol** pela **clave de Fá**.

AUSÊNCIA (L'Absence)

Con moto (com movimento)

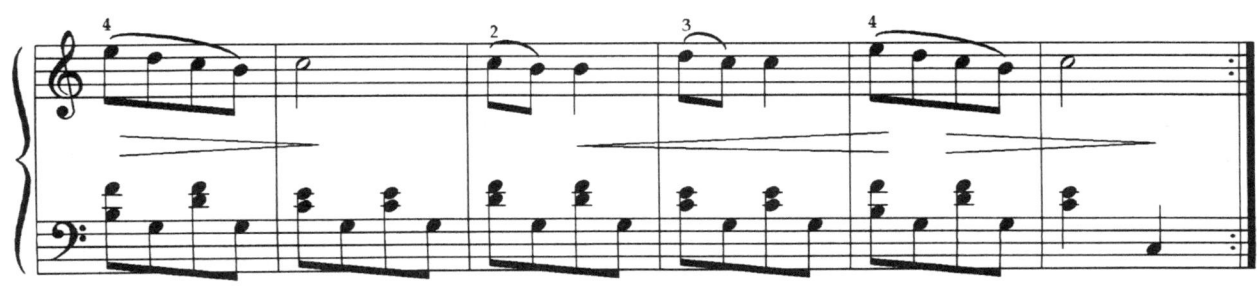

36ª LIÇÃO

Colcheia pontuada seguida de uma semicolcheia ♪.♬ ; com o acompanhamento de colcheias.

Tendo a colcheia pontuada 3 **vezes** o valor da semicolcheia, ter-se-á o cuidado de **conservar bastante tempo a primeira** e tocar com **certa brevidade a segunda** destas duas notas.

sfz, *sf.*, *rfz*, ou *rf.* é o mesmo que **sforzando** ou **rinforzando** (reforçando), termo aplicado às notas que devem ser tocadas com uma **força** particular.

A **Coroa** ou **Suspensão** ⌒ indica a **parada momentânea** de movimento e é conhecida também, pelo seu nome italiano **fermata**.

ÁRIA FAVORITA (Air Favori)

H. HIMMEL

Andante grazioso (com lentidão graciosa)

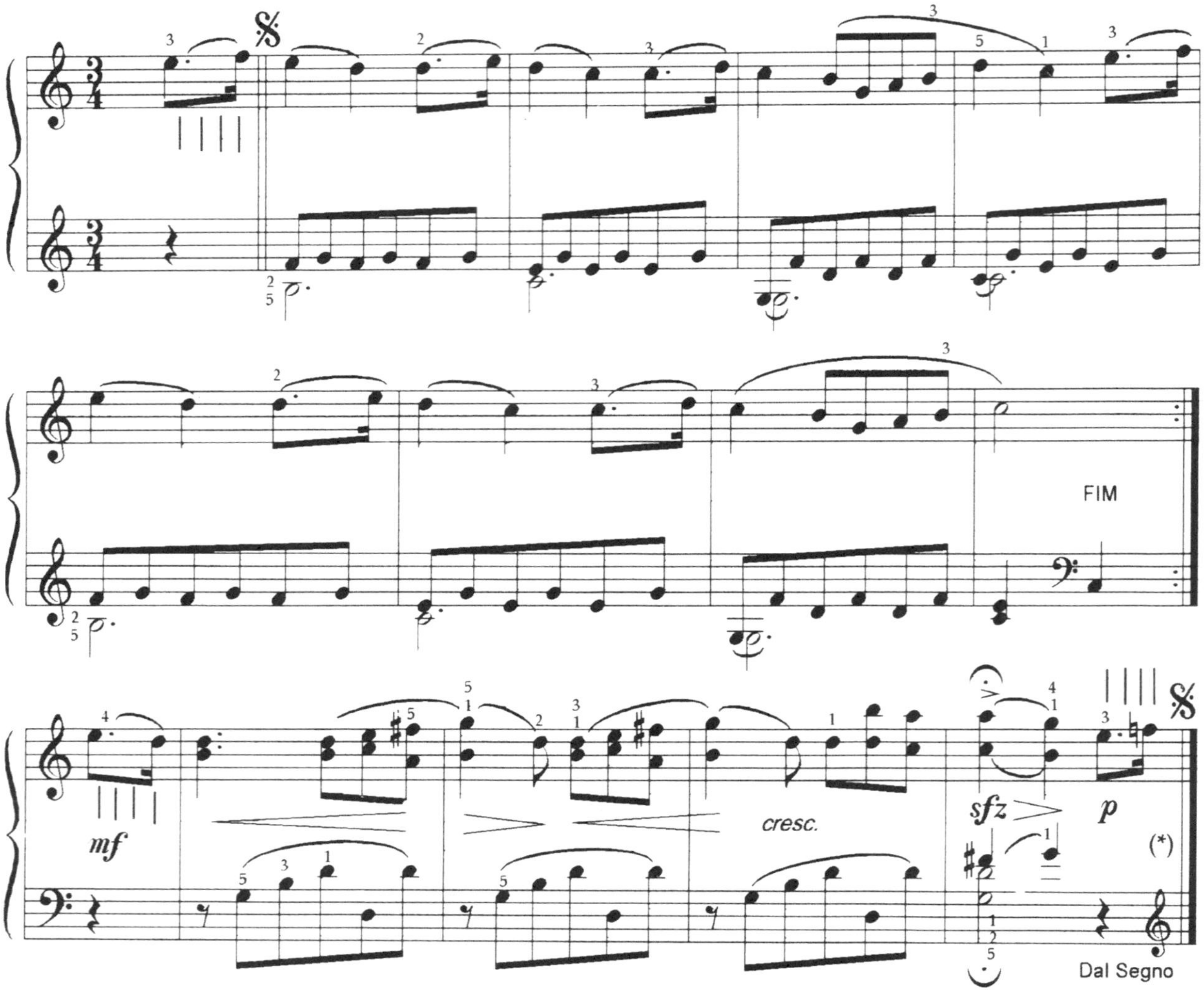

(*) OBS.: Peça recreativa que pode ser tocada depois da 36ª Lição: "A Canção da Moleira" (Le Chant de la Meunière), (nº 6 do Repertório do Jovem Pianista) de A. Schmoll, a seguir:

A CANÇÃO DA MOLEIRA (Le Chant de la Meunière)

Allegro moderato

A. SCHMOLL Op. 50

37ª LIÇÃO

SEGUNDO SUSTENIDO NA NOTA: DÓ♯ (tecla preta, entre **dó** e **ré**).

NOTA: Antes de tocar a semicolcheia da mão direita, veja-se qual o acorde que a **esquerda** toca com a nota seguinte. | Dar justa duração às **colcheias pontuadas** e suficiente **brevidade às semicolcheias**.

OS CLARÕES (Les Eclaireurs)
MARCHA GUERREIRA (Marche Guerrière)

38ª LIÇÃO

TERCEIRO SUSTENIDO NA NOTA: SOL♯ (tecla preta, entre **sol** e **lá**)

Dedilhado de substituição para a **mão esquerda**. pp, pianíssimo = muito brando.

PRECE (Prière)

39ª LIÇÃO

QUARTO SUSTENIDO NA NOTA: RÉ♯ (tecla preta, entre **ré** e **mi**).

A PRIMEIRA VIOLETA (La Première Violette)

40ª LIÇÃO

QUINTO SUSTENIDO NA NOTA: LÁ♯ (tecla preta, entre **lá** e **si**).

OS CINCO SUSTENIDOS APRENDIDOS

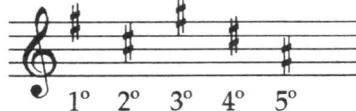

NOTA: É importante que o aluno conserve de cor a ordem em que estão dispostos os sustenidos.

COLOMBINA (Colombine)
Valse

41ª LIÇÃO

(♭) O BEMOL

Abaixa-se a nota um semitom, colocando-se antes um **bemol** (♭). Por exemplo quer dizer **SI bemol** ou: **SI abaixado de um semitom**. Procurando a tecla que representa esta nota, o aluno verá, que a tecla **si ♭ e lá ♯ é a mesma**. Compreenderá pois, que **cada uma das cinco teclas pretas** que já conhece, poderá ter **dois nomes diferentes**, conforme representar uma nota **alterada** de um semitom **para cima ou para baixo**. O efeito do bemol começa do lugar onde se acha e termina no fim do mesmo compasso. **Para anular o efeito do bemol**, emprega-se o **bequadro**, (♮) que colocado antes do **si** indica que se deve tocar **si natural** e não mais **si bemol**. O sustenido e o bemol chamam-se: **sinais de alteração** ou **acidentes**.

PRIMEIRO BEMOL NA NOTA: SI♭ (mesma tecla que lá♯).

PRELÚDIOS (Préludes)

Dá-se o nome de **Prelúdios** a uma espécie de pequenas fantasias em forma de improvisos que se tocam antes de iniciar uma peça. Os prelúdios são geralmente curtos, quase nunca passam de alguns acordes ou passagens com caráter de uma inspiração de momento.

42ª LIÇÃO

SEGUNDO BEMOL NA NOTA: MI♭ (mesma tecla que ré♯).

PEQUENA POLONAISE (Petite Polonaise)

PRIMEIRO **SALTO DA MÃO ESQUERDA.**

Alla polacca (Estilo polaco; movimento moderado)

(*) OBS.: Peça recreativa que pode ser tocada depois da 42ª Lição:"Ternura Infantil" (Tendresse Enfatine), (nº 7 do Repertório do Jovem Pianista) de A. Schmoll, a seguir:

TERNURA INFANTIL (Tendresse Enfantine)

A. SCHMOLL Op. 50

43ª LIÇÃO

TERCEIRO BEMOL NA NOTA: LÁ♭ (mesma tecla que sol♯)

A FONTE (A la Fontaine)

Allegro moderato (com vivacidade moderada)

44ª LIÇÃO

QUARTO BEMOL NA NOTA: RÉ ♭ (mesma tecla que **dó** ♯)

EXERCÍCIOS PREPARATÓRIOS PARA A MÃO DIREITA:

DANÇA DAS BORBOLETAS (Le Danse des Farfadets)

Allegretto (menos vivo que Allegro)

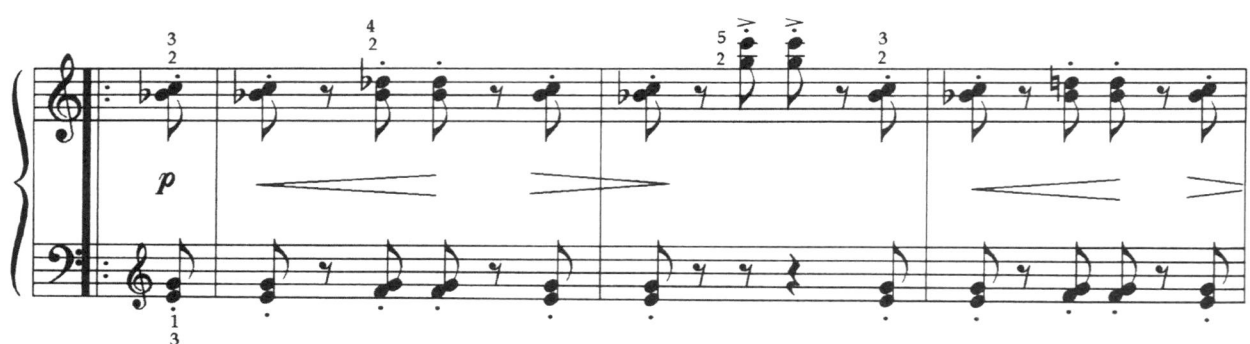

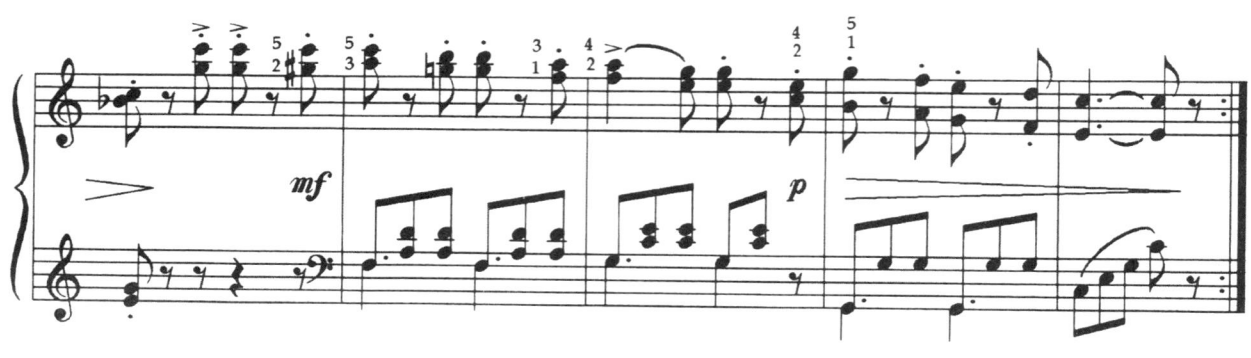

45ª LIÇÃO

QUINTO BEMOL NA NOTA: SOL ♭ (mesma tecla que **fá♯**)

RESUMO DAS ALTERAÇÕES APRENDIDAS ATÉ AQUI

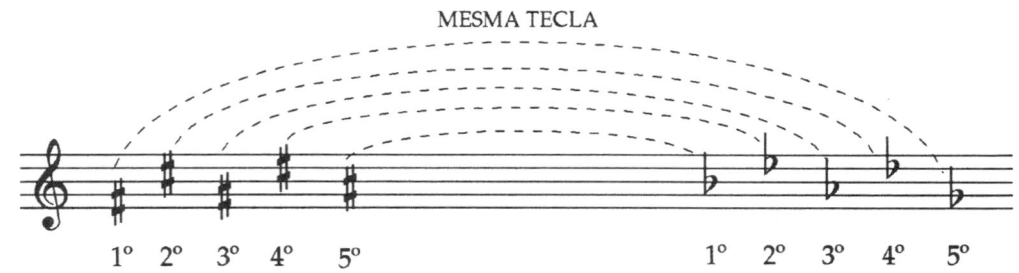

CORO DOS PELEGRINOS (Choeur de Pélerins)

Maestoso (solene; com majestade)

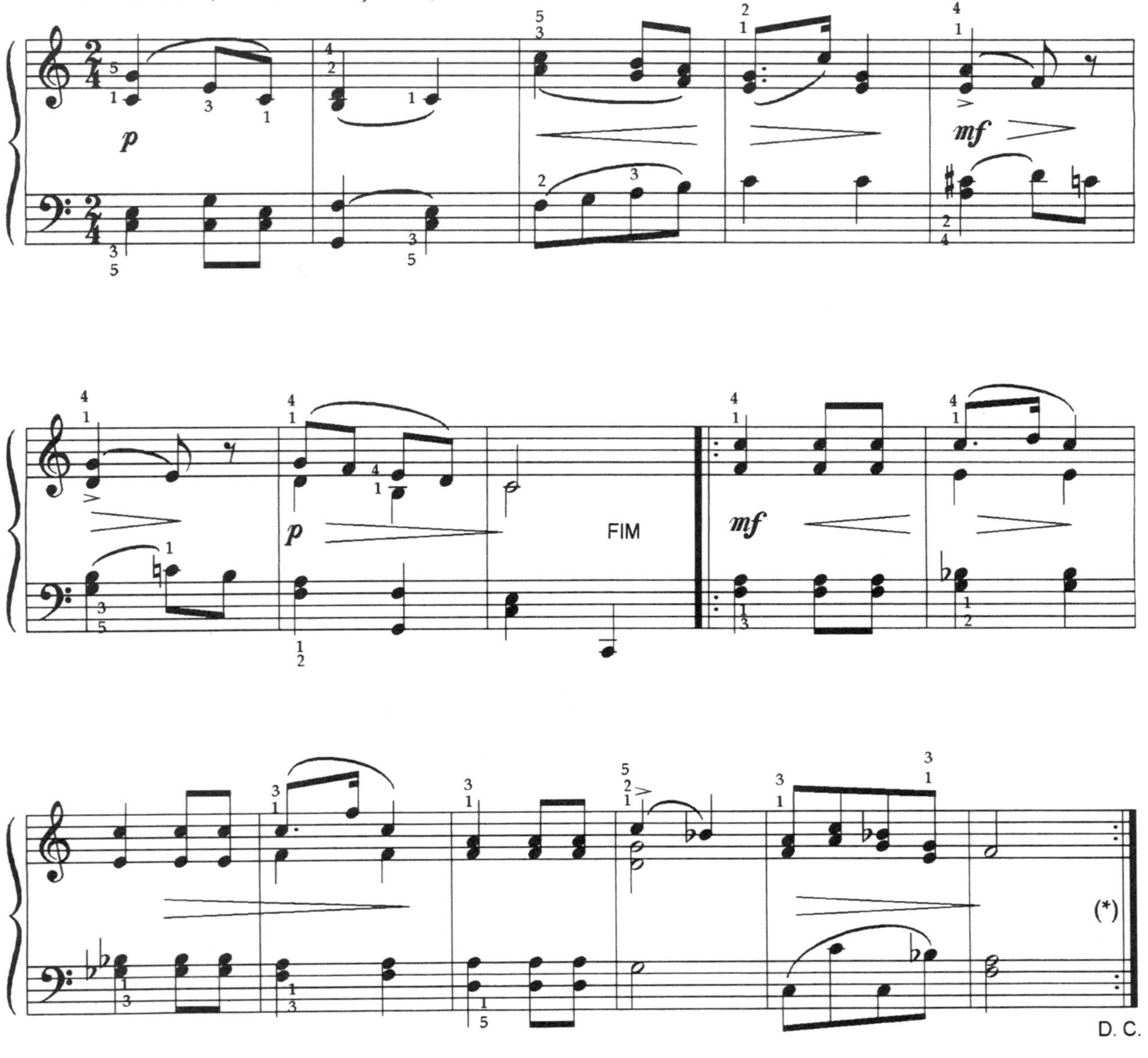

(*) Obs.: Peça recreativa que pode ser tocada depois da 45ª Lição: "Terceira Sonatina Op. 63", (Troisième Sonatine Op. 63), de A. Schmoll, a seguir:

TERCEIRA SONATINA
Aux jeunes élèves de Mademoiselle B. Grandveau à Chartres

PETITE SOIRÉE

A. SCHMOLL Op. 63

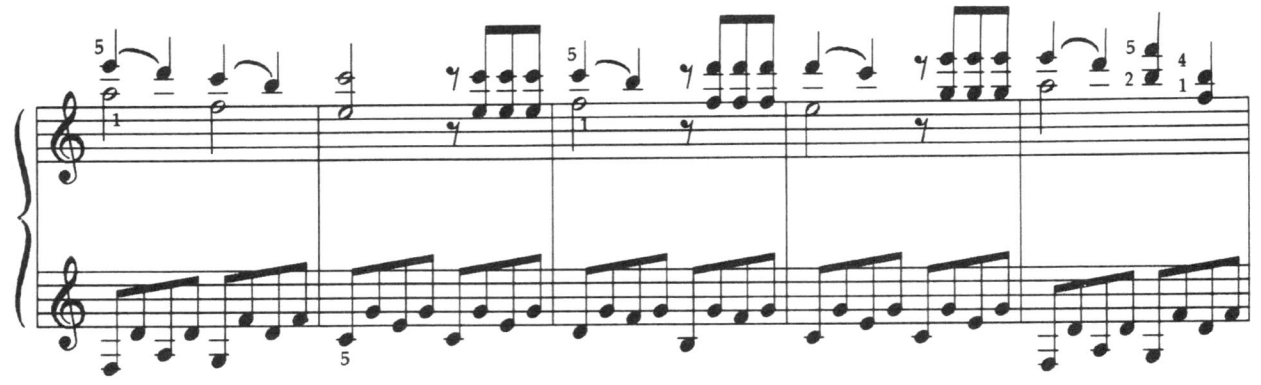

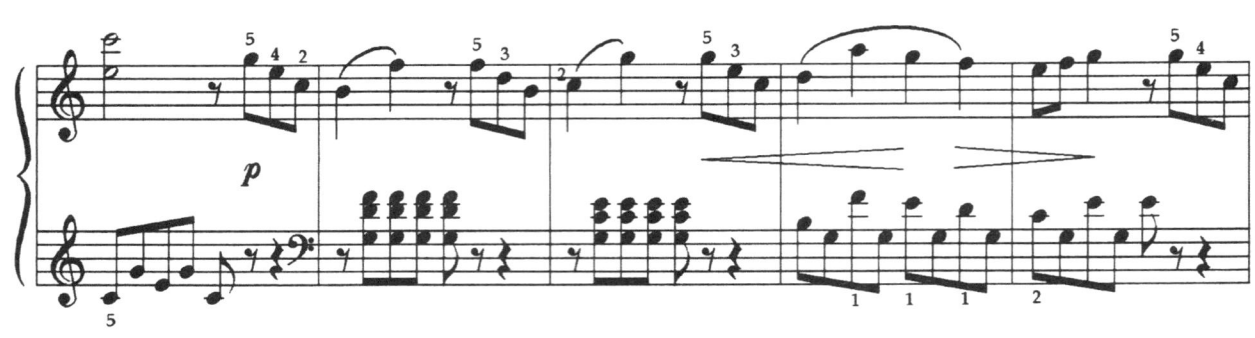

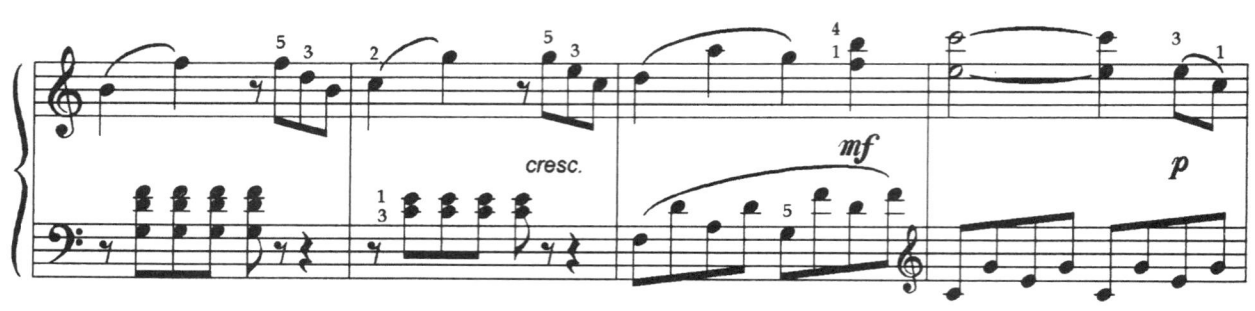

Aux jeunes de Monsier Roose à Dunkerque

RONDE D'ENFANTS

Allegro

46ª LIÇÃO

O inteiro desenvolvimento da teoria musical não está nos moldes desta obra. No entanto, certos rudimentos da teoria estão ligados ao mecanismo e acham aplicação prática tão freqüente, que a maior parte dos alunos têm deles um conhecimento vago sem podê-los precisar. Contribuindo o conhecimento destes elementos teóricos para simplicar a leitura musical e facilitar a execução geral, consagraremos em seguida um certo número de lições a esse fim.

DENOMINAÇÕES ESPECIAIS DOS DIVERSOS GRAUS DA ESCALA

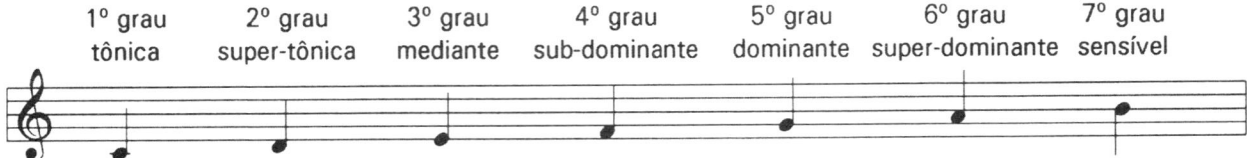

OS DOIS ACORDES MAIS USADOS, SUAS INVERSÕES E DEDILHADOS

ACORDE PERFEITO

1º, 3º e 5º graus da escala

(**Inverte-se um acorde**, quando se transporta **a mais grave** das suas notas à oitava superior)

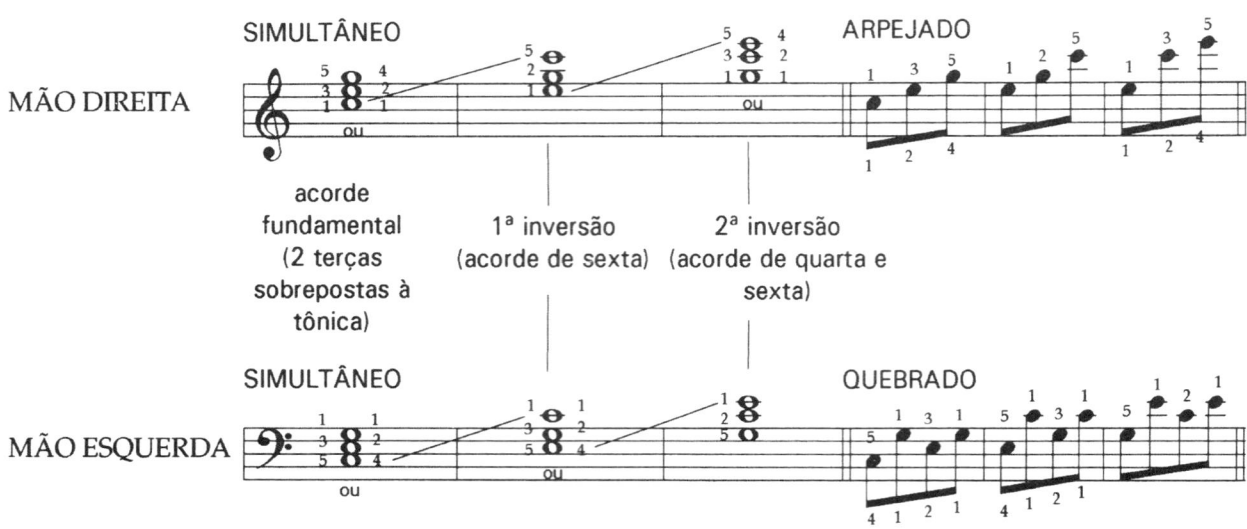

ACORDE DE SÉTIMA DE DOMINANTE

5º, 7º, 2º e 4º graus da escala

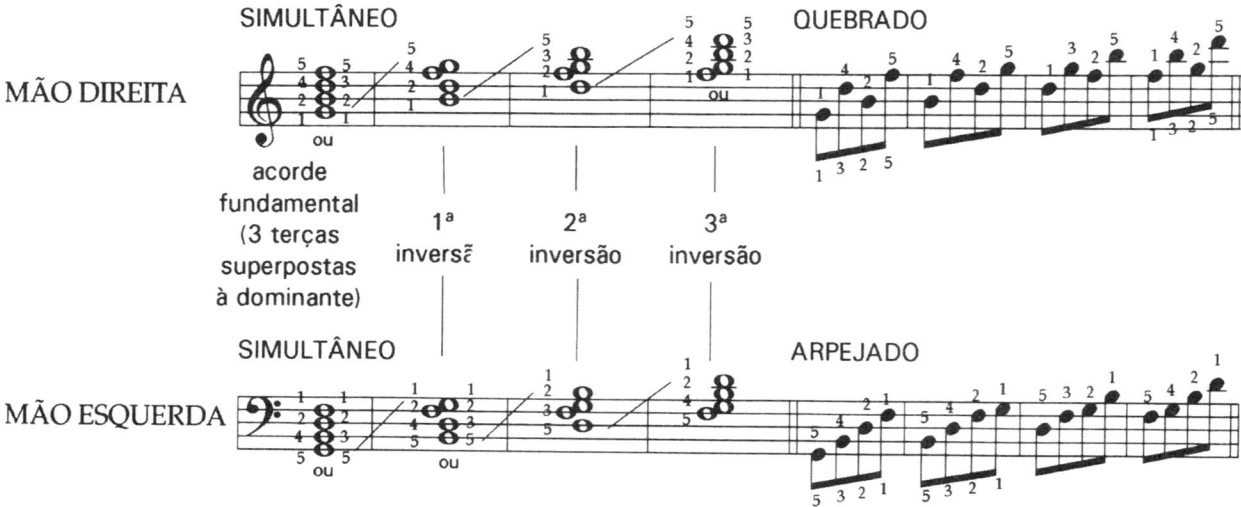

Faça-se um **exercício especial** de cada uma das formas destes acordes.

MELODIA E ACOMPANHAMENTO

A Melodia (ou Canto) é um encadeamento de sons com certa e determinada forma, cujo efeito é agradável ao ouvido. É geralmente apresentada na região média e aguda do piano. A escala pura e simples pode ser considerada como o tipo da melodia (v. a 11ª lição).

O Acompanhamento consiste em certas formas harmônicas que se fazem ouvir na região grave do piano e que servem para dar relevo à melodia. Os acordes podem se apresentar sob as formas mais variadas; são a essência do acompanhamento, bem que muitas vezes façam parte da melodia sob a forma de acordes arpejados ou quebrados.

Ordinariamente, a mão direita toca a melodia e a esquerda o acompanhamento.

APLICAÇÃO EXCLUSIVA DO ACORDE PERFEITO E DO DE SÉTIMA DE DOMINANTE

Movimento de valsa

Qualquer trecho de música, conquanto complicado, pode ser reduzido aos seus elementos harmônicos, isto é, acordes que são a sua essência, a sua expressão mais simples. Para achar estes acordes é preciso separar do trecho todos os seus artifícios exteriores e todas as notas ou figuras melódicas que apresentem um caráter puramente decorativo ou transitório, e simplificar o ritmo e o compasso. Estas reduções da parte do músico exigem um certo conhecimento científico e instinto musical. Apenas citamos isso para indicar as relações entre a teoria musical propriamente dita e sua aplicação prática.

O exemplo seguinte que é o mesmo fragmento de valsa acima citado, tem apenas algumas notas de passagem (*) intercaladas que lhe dão uma forma mais alegre e animada.

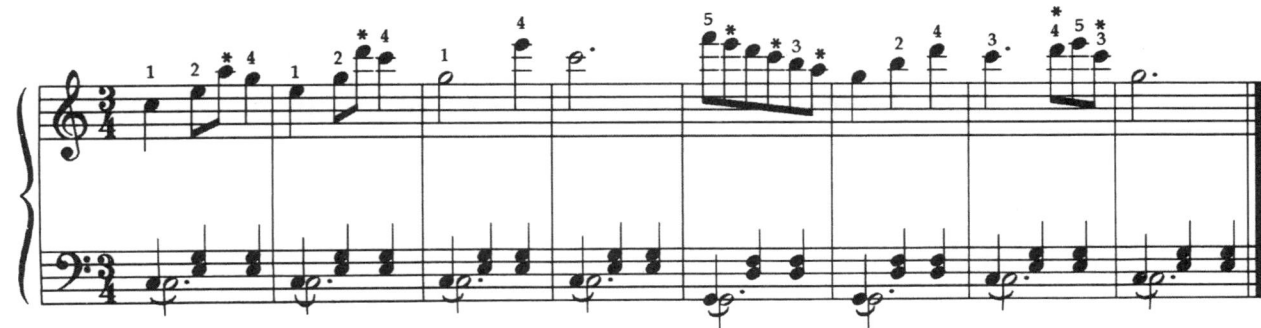

SIMPLIFICAÇÃO DOS ACORDES

Muitas vezes as notas de um acorde, em lugar de estarem na mesma oitava acham-se distribuídas em diversas; acontece ainda que uma nota do acorde se repete à distância de uma ou mais oitavas. Para reduzir estes acordes à forma mais simples, procede-se assim: das notas duplas ou triplas suprimir as mais altas, deixando só a mais baixa; aproximar as notas mais afastadas à mais baixa, fazendo-as descer de oitava em oitava. A nota mais baixa nunca mudará de lugar. Seguem-se alguns exemplos destas reduções.

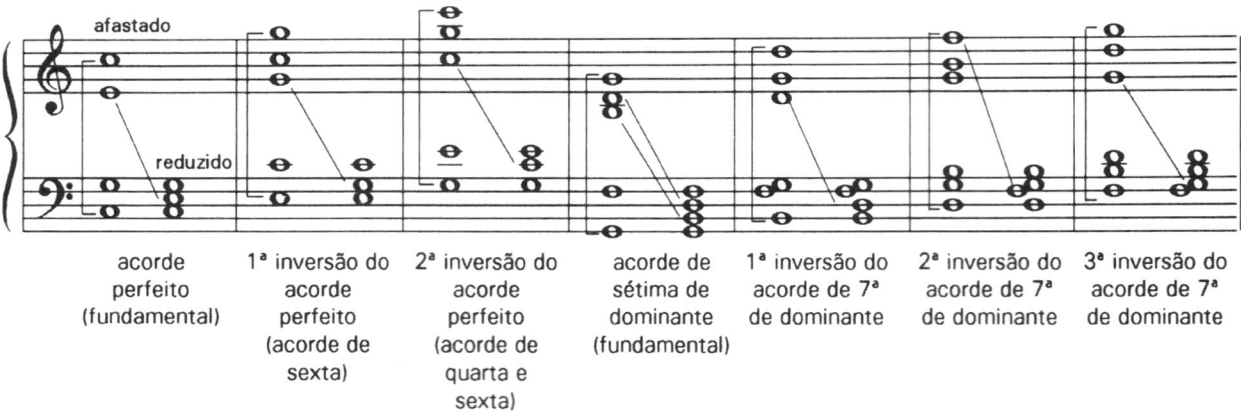

MEIO DE REPOR UM ACORDE INVERTIDO NO ESTADO FUNDAMENTAL

Quando o acorde obtido pela simplificação não forma duas ou mais terceiras superpostas, está invertido. Para que volte ao estado fundamental, "abaixa-se" uma oitava a nota mais aguda, até obter um acorde composto de terceiras superpostas.

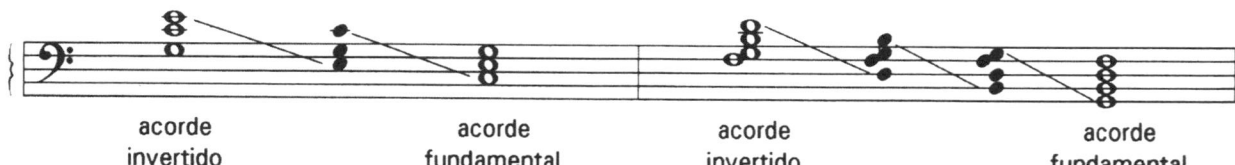

Examinando atentamente peças da primeira e da segunda parte deste método, o aluno reconhecerá que o acorde perfeito e o acorde de sétima de dominante tiveram a importancia principal. Reconhecerá agora estes acordes todas as vezes que se apresentarem e achará que estes conhecimentos facilitam muito a leitura.

47ª LIÇÃO
RESEDÁ (Le Réséda)

ESTUDO TÉCNICO PARA OS 1º e 2º DEDOS　　　　　　　　SALTOS REPETIDOS PARA A MÃO ESQUERDA

Moderato

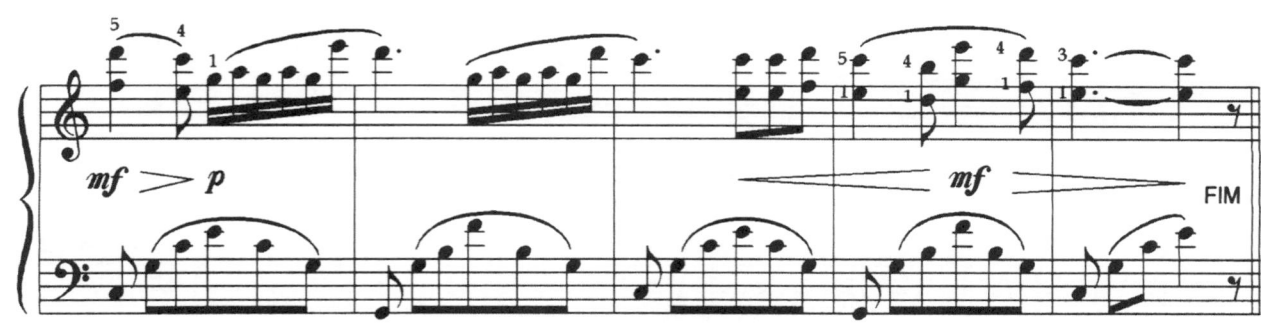

Dal Segno

48ª LIÇÃO

POESIA (Fabliau)

ESTUDO TÉCNICO PARA OS 2º e 3º DEDOS

(*) Obs.: Peça recreativa que pode ser tocada depois da 48ª Lição: "Toque de Caça", (Fanfare de Chasse), (nº 8 do Repertório do Jovem Pianista) de A. Schmoll, a seguir:

TOQUE DE CAÇA (Fanfare de Chasse)

A. SCHMOLL Op. 50

Moderato

Allegro

Moderato

Allegro

49ª LIÇÃO

A FIANDEIRA (La Fileuse)

ESTUDO TÉCNICO PARA OS 3º e 4º DEDOS

Allegretto

50ª LIÇÃO

A COTOVIA (L'Alouette)

ESTUDO TÉCNICO PARA OS 4º e 5º DEDOS

O sinal ∧ , indica **acentuação mais forte que** > . **Sustentar** bem, na 2ª parte, as **semínimas pontuadas** da mão esquerda.

Andantino

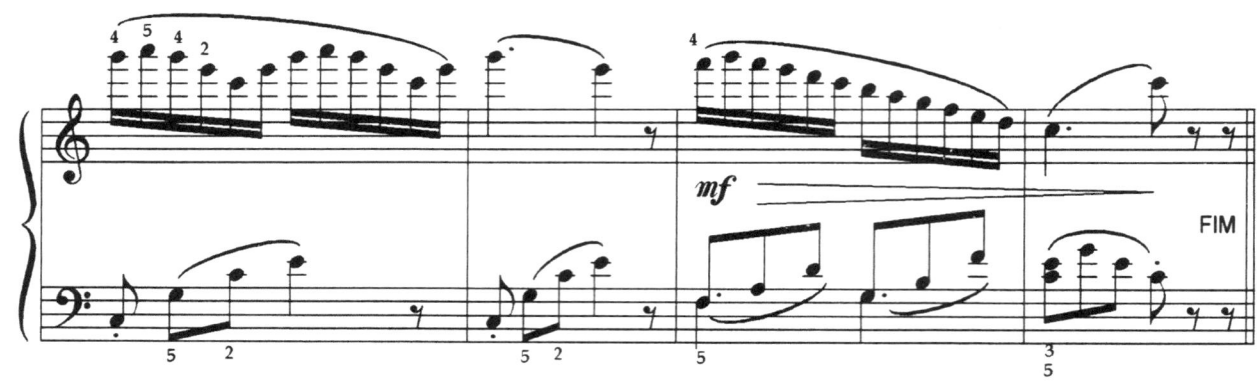

D. C.

51ª LIÇÃO

OS FUSOS (Les Fusees)

TRECHOS DE ESCALAS PARA A MÃO DIREITA

D. C.

52ª LIÇÃO
AS NINFAS (Les Naïades)

53ª LIÇÃO

ESTRELAS CADENTES (Les Etoiles filantes)

TRECHOS DE ESCALAS PARA A MÃO ESQUERDA

Allegro moderato

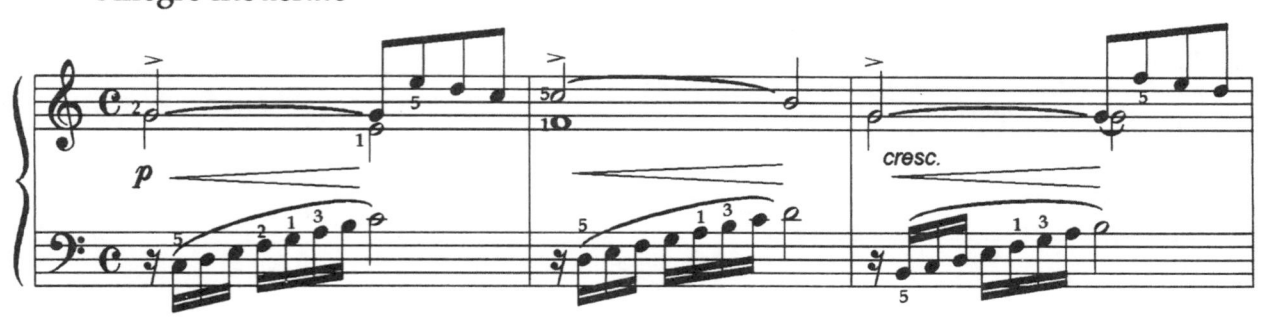

54ª LIÇÃO

A TORRENTE (Le Torrent)

TRECHOS DE ESCALAS ALTERNADAS NAS DUAS MÃOS

(*) Obs.: Peça recreativa que pode ser tocada depois da 54ª Lição: "Scherzetto", (nº 9 do Repertório do Jovem Pianista) de A. Schmoll, a seguir:

SCHERZETTO

A. SCHMOLL Op. 50

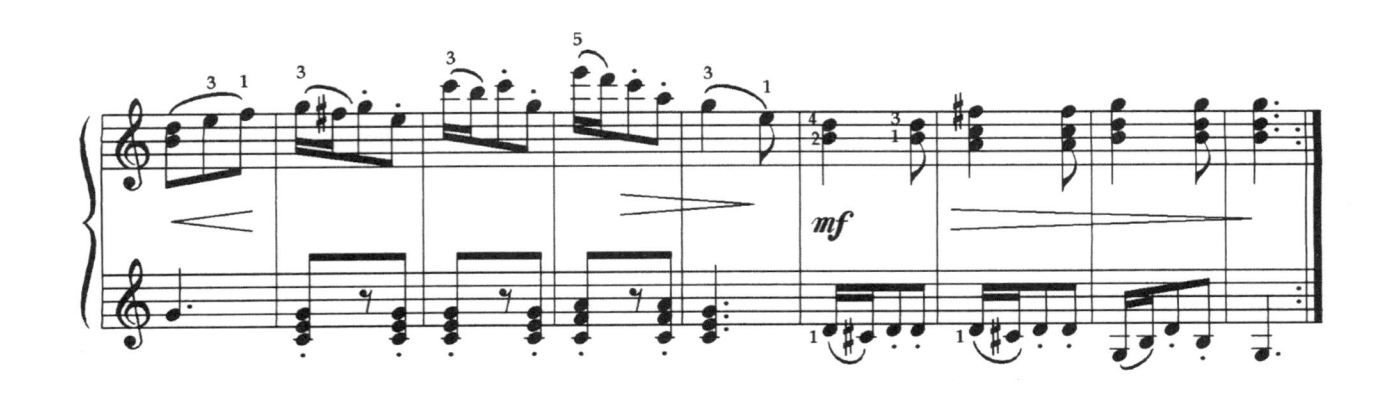

Vivace

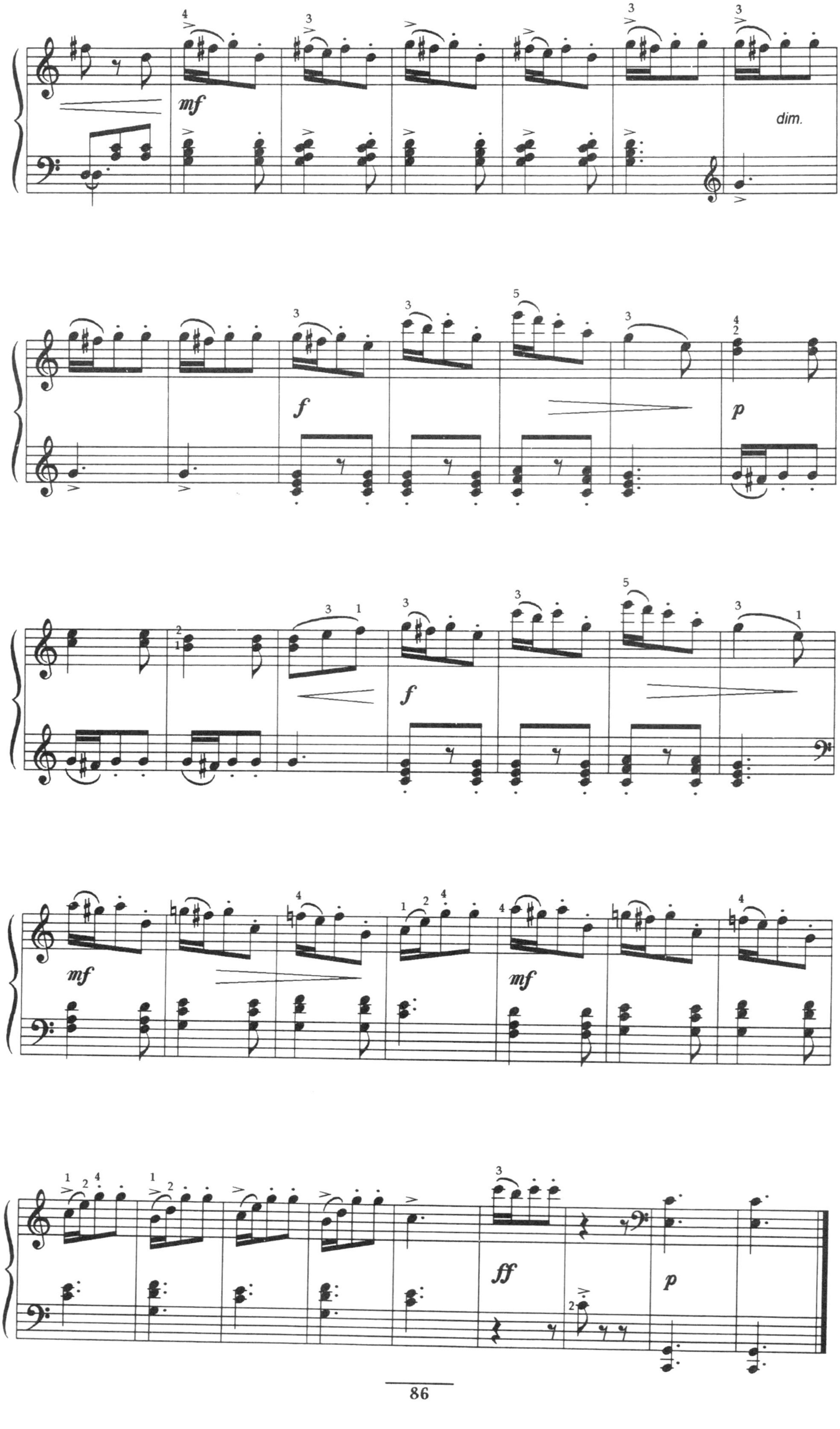
dim.

ESCALA DE **DÓ** PARA AS DUAS MÃOS NA EXTENSÃO DE DUAS OITAVAS.

a.) em movimento direto

Vê-se que a passagem do polegar efetua-se pelo 4º dedo, quando vem em seguida da **tônica**, e pelo 3º dedo no **meio** da escala.

b.) em movimento contrário

Dedilhado **coincidindo** com as duas mãos.

55ª LIÇÃO

O PEQUENO VIRTUOSO (Le petit Virtuose)

TRECHOS DE ESCALAS PARA AS DUAS MÃOS

56ª LIÇÃO

RESOLUÇÃO DE ACORDES DE SÉTIMA DE DOMINANTE

O aluno terá percebido que todas as peças que estudou terminam com o acorde perfeito, e que depois de cada acorde de sétima de dominante vem imediatamente o acorde perfeito.

A razão é simples: o acorde perfeito dá plena satisfação ao ouvido, possui o caráter da conclusão. O acorde de sétima de dominante pelo contrário, longe de satisfazer o sentimento musical, provoca o desejo de ouvir um outro acorde mais terminante. Pode-se dizer que o acorde de sétima de dominante exprime uma tendência, o acorde perfeito uma conclusão; ou então, que o primeiro é a pergunta, o segundo a resposta. Esta tendência de acorde de sétima de dominante a resolver-se no acorde perfeito, é devido a duas de suas notas que só têm um semitom de intervalo com os sons vizinhos e são o 7º e 4º graus da escala. Estas notas, que chamaremos notas atrativas, tendem a vencer a distância de um semitom que as separa das suas vizinhas: a nota sensível tende a subir à tônica, a subdominante a descer à mediante. Exemplos destas resoluções:

NOTAS ATRATIVAS E SUAS RESOLUÇÕES

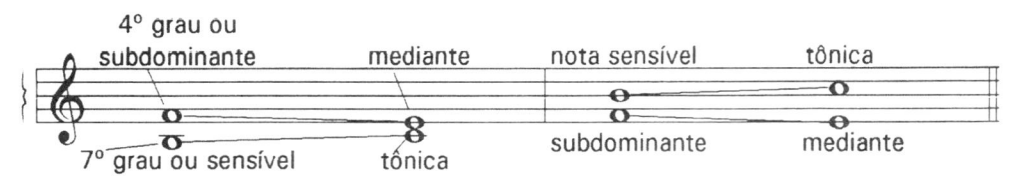

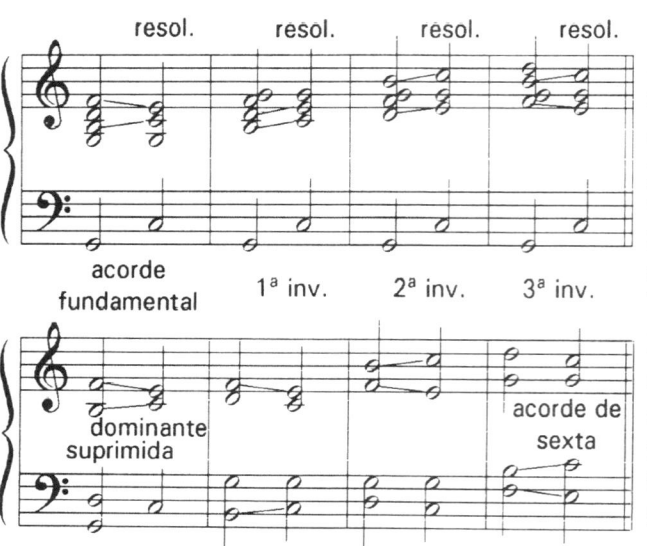

Nestes exemplos, que são em harmonia **reduzida**, a mão direita opera a resolução do acorde de sétima de dominante nas suas diversas posições. Se juntarmos as notas da mão esquerda, todos estes acordes se tornarão fundamentais, com tônica ou dominante dobradas.

Nestes exemplos, que são em harmonia **espaçada**, o acorde de sétima de dominante apresenta-se em todas as suas posições; a resolução de cada inversão obriga a dobrar a tônica. Note-se que a resolução do acorde fundamental é feita com a supressão da dominante e que a 3ª inversão se resolve sobre o acorde de sexta.

APLICAÇÕES PRÁTICAS DAS RESOLUÇÕES PRECEDENTES

57ª LIÇÃO

ACORDES DIVERSOS

O acorde perfeito e o de sétima de dominante não são os únicos que a escala fornece. Pode-se com efeito, formar um acorde com duas terceiras superpostas e outro com três sobre cada grau da escala. Exemplo:

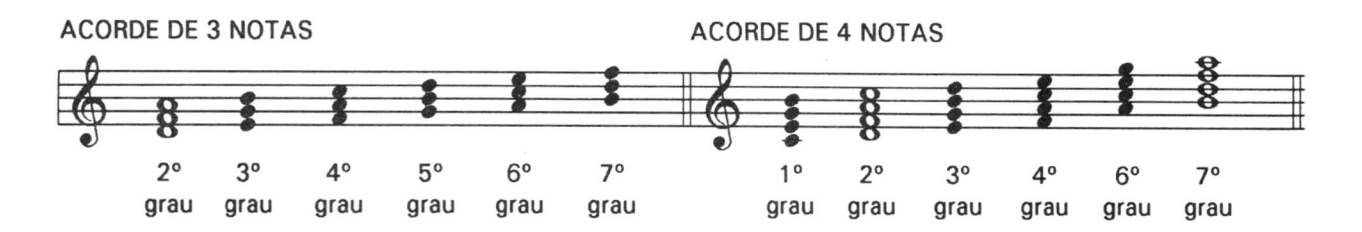

ACORDE DE 3 NOTAS — 2º grau, 3º grau, 4º grau, 5º grau, 6º grau, 7º grau

ACORDE DE 4 NOTAS — 1º grau, 2º grau, 3º grau, 4º grau, 6º grau, 7º grau

Os acordes da primeira série chamam-se tríades (três sons) da escala, os da segunda são **acordes de sétima**. Só nos ocuparemos daqueles acordes mais usados e cujo conhecimento é necessário para a compreensão das teorias que em seguida desenvolveremos. São os que escrevemos em **semibreves**.

TRÍADE DO SEGUNDO GRAU
2º, 4º e 6º graus da escala

fundamental — 1ª inversão — 2ª inversão

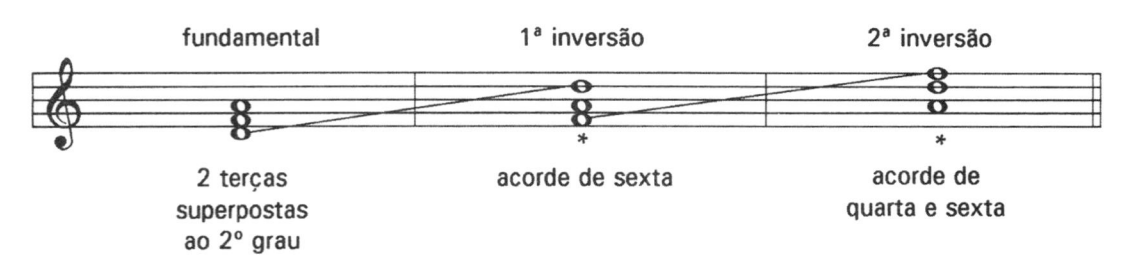

2 terças superpostas ao 2º grau — acorde de sexta — acorde de quarta e sexta

ACORDE DE SÉTIMA DE SEGUNDA
2º, 4º, 6º e 1º graus da escala

fundamental — 1º inversão — 2ª inversão — 3ª inversão

3 terças superpostas ao 2º grau

ACORDE DE SÉTIMA DE SENSÍVEL
7º, 2º, 4º e 6º graus da escala

fundamental — 1º inversão — 2ª inversão — 3ª inversão

3 terças superpostas à sensível

Todas as posições destes acordes não são igualmente empregadas. Marcamos com um (*) as mais empregadas e que recomendamos a atenção do aluno.

AS PARTES E OS MOVIMENTOS

Em sucessão de acordes, as notas mais agudas formam a **primeira parte**, as notas mais graves formam a **terceira** ou a **quarta** parte, conforme os acordes são compostos de 3 ou 4 notas. A mais aguda e a mais grave das partes chamam-se também partes **externas**, as do meio **interiores** ou **intermediarias**.

No seguinte exemplo, o aluno reconhecerá as partes pelos números indicados:

A sucessão das quatro notas designadas pelo número 1 forma a primeira parte deste fragmento de harmonia; as quatro notas com o número 2 formam a segunda parte e assim por diante.

Chama-se **Movimento** a marcha ascendente ou descendente seguida por duas ou mais partes. Há três movimentos:
1º) o **direto**, em que as partes caminham no mesmo sentido, subindo ou descendo;
2º) o **contrário**, em que as partes vão em sentido inverso;
3º) o **oblíquo**, em que uma parte fica imóvel, enquanto que as outras sobem ou descem.

MOVIMENTO DIRETO   MOVIMENTO CONTRÁRIO   MOVIMENTO OBLÍQUO

REGRA DAS QUINTAS E DAS OITAVAS

Das numerosas regras da harmonia, mencionamos a mais elementar, numa sucessão de acordes é necessário evitar - entre as mesmas partes - duas quintas ou duas oitavas seguidas.

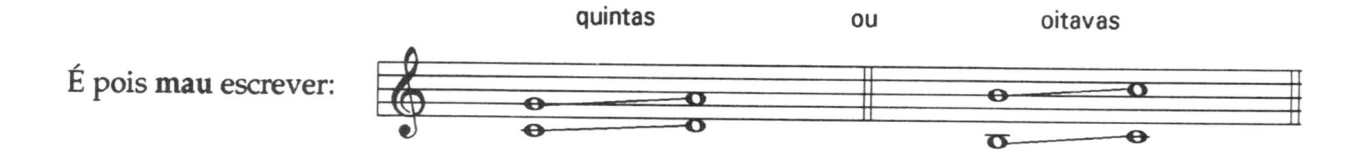

quintas   ou   oitavas

É pois **mau** escrever:

Seria erro ainda maior, se se tocasse, no estado fundamental, todas as tríades das escalas uma depois da outra, dobrando a tônica.

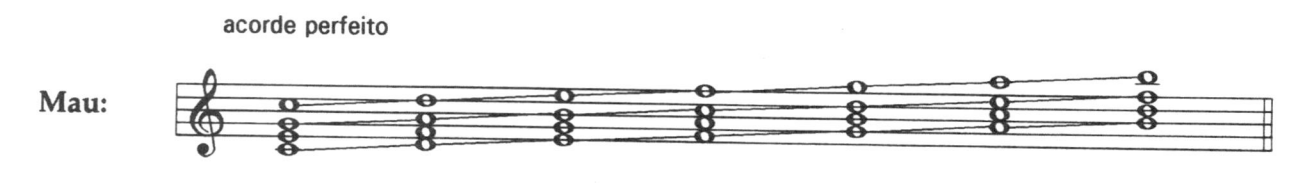

acorde perfeito

Mau:

A quarta parte desta sucessão forma oitavas com a segunda parte. Pode pois o aluno deduzir o princípio seguinte: no acorde de 7ª de dominante, nunca se deve dobrar as duas notas da escala que chamamos notas atrativas e que tem uma marcha obrigatória (o 4º e o 7º graus); porque sendo obrigado a fazer descer o 4º grau meio tom, e fazer subir o 7º grau outro meio tom, produzir-se-ia infalivelmente uma série de oitavas, se se dobrasse uma ou outra destas notas. Este erro é muito grave sobretudo quando é feito nas partes externas, que são as essenciais da harmonia. Eis alguns exemplos, aos quais juntaremos a correção:

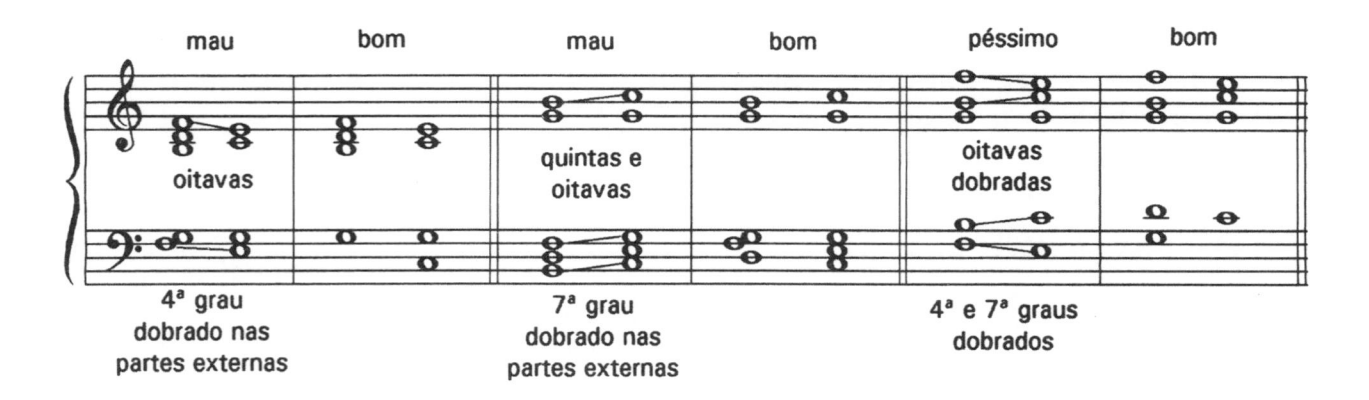

Obtem-se pois em geral uma harmonia pura para o acorde de sétima de dominante, eliminando no acompanhamento as notas que já se acham na melodia, por exemplo:

Digamos aqui que no acorde de sétima de dominante, suprime-se às vezes a super-tônica ou mesmo a nota sensível, sem que por isso o acorde perca seu verdadeiro caráter; a mesma coisa acontece com o acorde perfeito, no qual pode-se sem inconveniência suprimir a dominante, por exemplo:

Devemos ainda observar que a regra das quintas não é absoluta; em certas condições, que não citamos aqui, uma série de quintas pode ser admitida.

58ª LIÇÃO

TONALIDADE E CADÊNCIAS

Nas peças precedentes, todas as notas empregadas (salvo algumas sobrevindas incidentalmente) pertencem à escala de DÓ. Costuma-se dizer que tais peças estão escritas na escala de DÓ, ou melhor, no tom de DÓ. A escala é por conseguinte a base; o elemento que constitui a tonalidade.

Na terceira parte desta obra, demonstraremos que há tantas escalas - e por conseguinte tantos tons - quantas notas há, isto é, doze.

As notas da escala que dão melhor o sentimento da tonalidade, são os 1º, 4º e 5º graus; por isso chamam-se notas tonais. Uma sucessão de acordes corretamente encadeados, tendo por base as notas tonais, chama-se **Cadência** (da palavra latina **cadere, cair**). As cadências podem ser facilmente transformadas em frases melódicas: basta para isso quebrar ou arpejar os acordes e introduzir as notas de passagem. Exemplos:

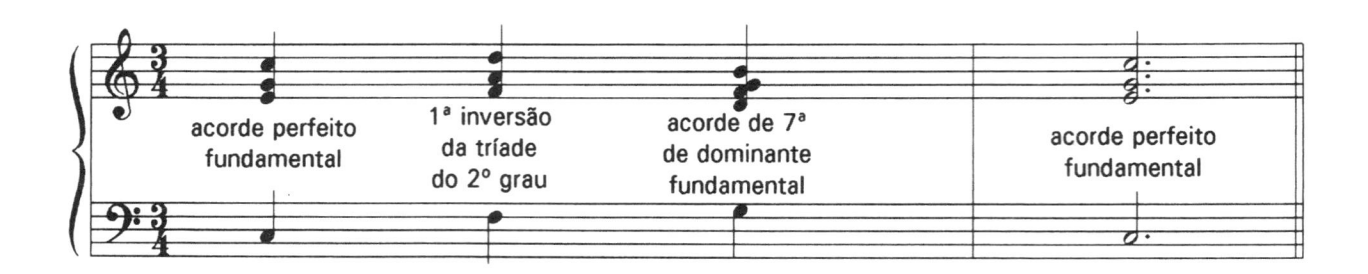

A cadência precedente torna-se mais franca e enérgica, se fizermos ouvir, a 2ª inversão do acorde perfeito (acorde de quarta e sexta) antes do acorde de sétima de dominante.

CADÊNCIAS MELÓDICAS

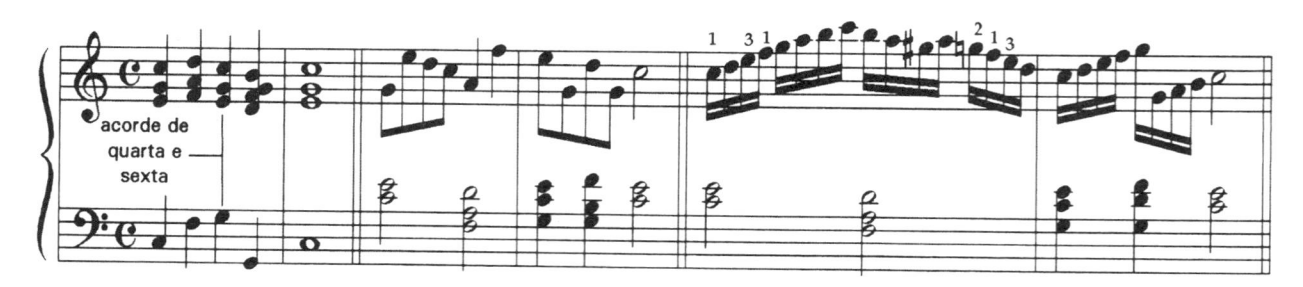

Notemos que o segundo acorde desta cadência (1ª inversão da tríade do segundo grau) pode muito bem ser substituído pelo acorde de quarto grau no estado fundamental; ou também pela 1ª inversão do acorde de 7ª do segundo grau.

As cadências, quer sejam tocadas sob forma de acordes juntos ou de frases melódicas, são muito próprias para servir de prelúdios; porque, sendo baseadas nas notas tonais, preparam melhor do que qualquer outra combinação harmônica para a tonalidade na qual se vai tocar.

59ª LIÇÃO

A REVERÊNCIA (La Révérence)

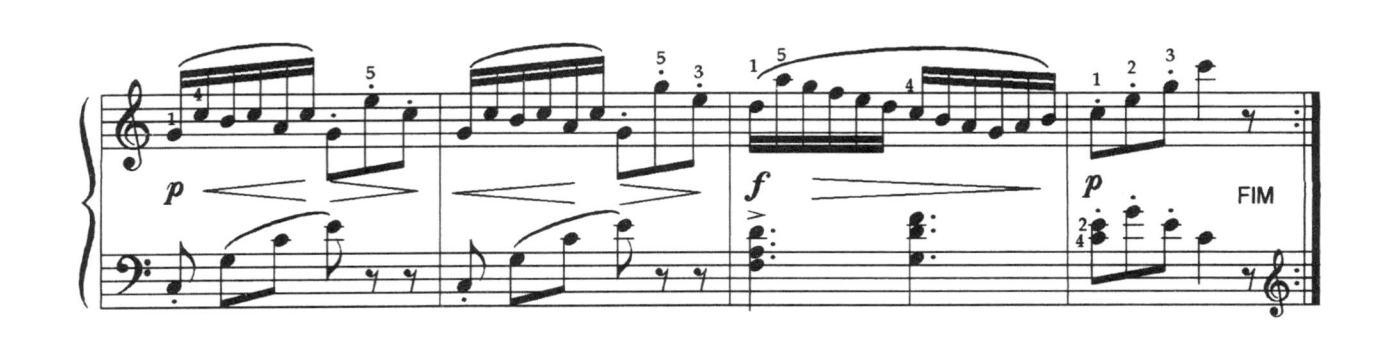

60ª LIÇÃO

O CARNAVAL DE VENEZA (Le Carnaval de Venise)
Variações (Varie)

TRECHOS DIVERSOS PARA A MÃO DIREITA

Allegretto non troppo (Igual ao Alegretto, pouco moderado)

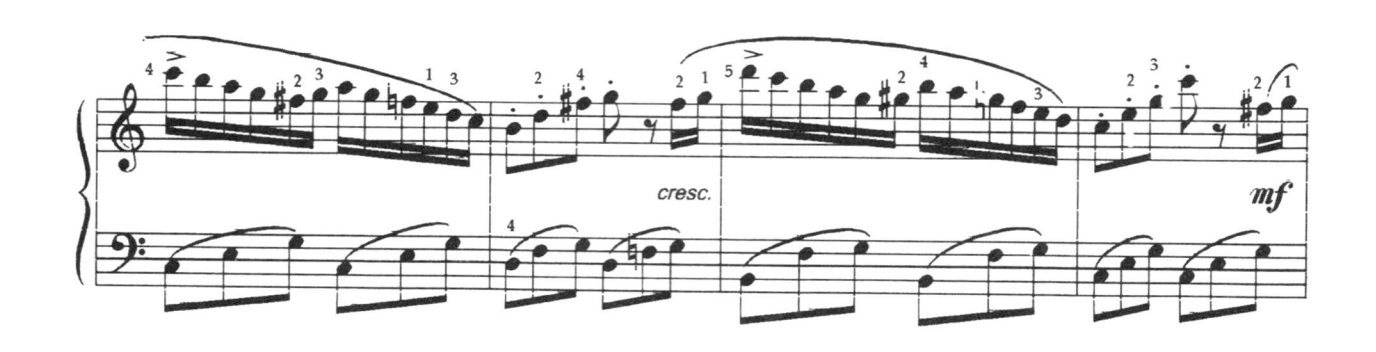

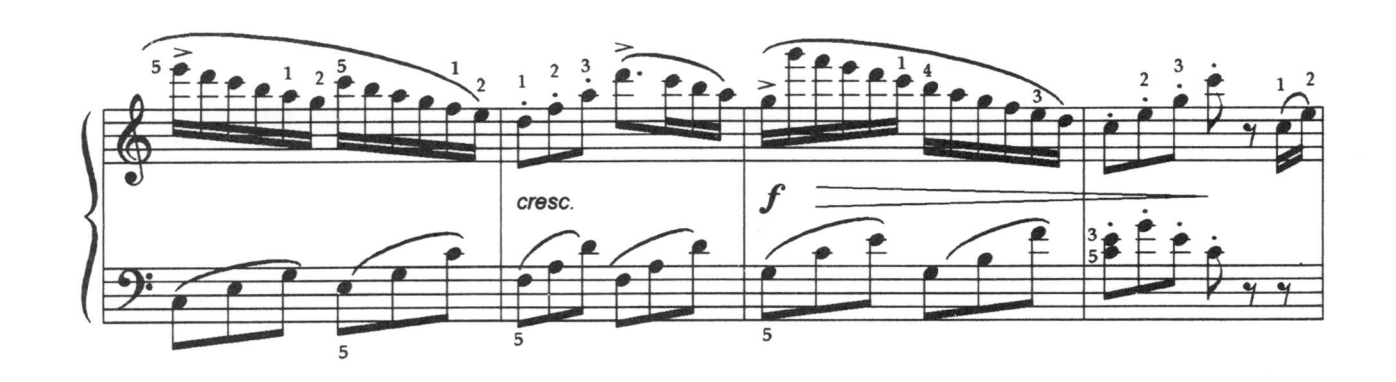

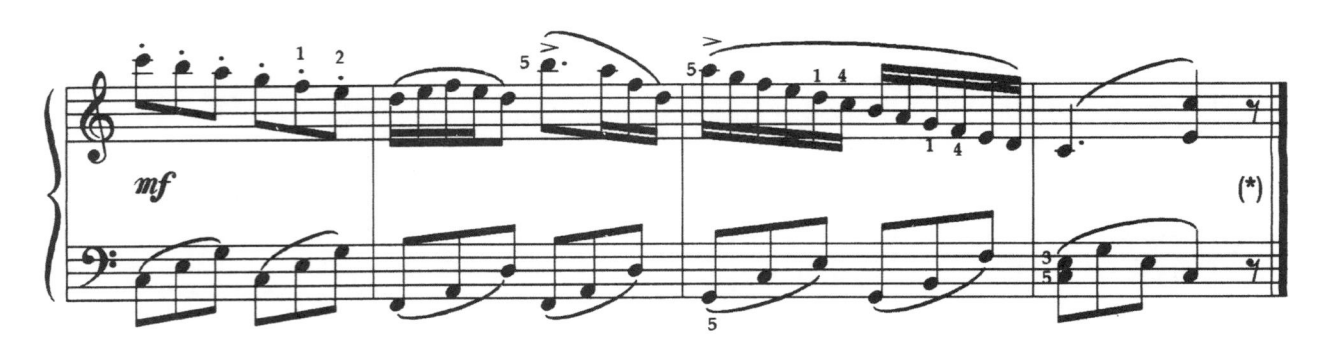

(*) Obs.: Peça recreativa que pode ser tocada depois da 60ª Lição: "O Regresso do Gondoleiro" (Le Retour du Gondolier), (nº10 do Repertório do Jovem Pianista) de A. Schmoll, a seguir:

CONCLUSÃO DA SEGUNDA PARTE

Nesta parte nos familiarizamos com a leitura das claves de SOL e de FÁ, as únicas usadas na música de piano e conhecemos o tom de DÓ e seus principais acordes. Além disso aprendemos os diversos sinais acidentais que se podem apresentar neste tom, conquanto nada tenham de comum com seu elemento constitutivo, isto é, com sua escala.

Como tudo que foi dito a respeito do tom de DÓ, será aplicado, na terceira parte, a doze novos tons absolutamente semelhantes a este, recomendamos ao aluno de submeter a uma repetição geral, não somente as peças que aprendeu na Segunda Parte, como também e sobretudo as diversas explicações teóricas que nela se encontram, mormente as das 46ª, 56ª, 57ª e 58ª lições.

Na Terceira Parte, onde a teoria da escala e da tonalidade será desenvolvida mais amplamente, o aluno começará a perceber os inesgotáveis recursos da ciência musical, e cada ponto de seus estudos lhe fornecerá nova surpresa.

O REGRESSO DO GONDOLEIRO (Le Retour du Gondolier)
Barcarole

A. SCHMOLL Op. 50

Andantino

97

EXERCÍCIOS

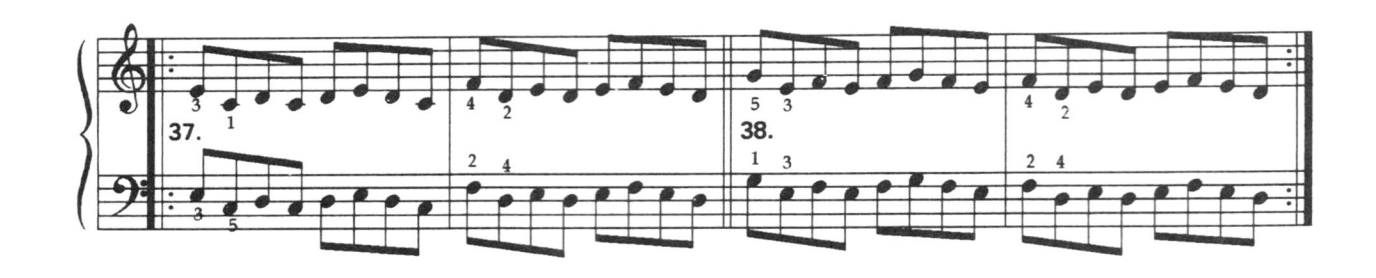

COM NOTAS ALTERADAS

MOVIMENTO CONTRÁRIO